DISCOURS

Prononcé à Saint-Lyé, le 2 avril 1877
A l'occasion de l'Installation d'un Buste de la
République

PAR

M. FRÉMINET

DÉPUTÉ DE L'AUBE

Précédé de l'Allocution du Maire et de la Réponse
de M. Fréminet

PRIX : 10 CENTIMES

TROYES

IMPRIMERIE F. REYNARD, RUE DE LA MONNAIE, 21

1877

ALLOCUTION

DE M. CORNET-GIROUX

Maire de Saint-Lyé.

Messieurs,

Les représentants de la commune ont voulu que le buste de la République fût placé dans la salle de leurs délibérations. C'est cette résolution que nous exécutons aujourd'hui et voici quel en est le sens.

Depuis six ans, nous vivons sous une forme gouvernementale que beaucoup d'entre nous connaissaient à peine, dont d'autres avaient perdu le souvenir et qui avait succombé, dans le temps, avant qu'on ait pu la juger à ses œuvres.

Maintenant, messieurs, l'expérience est faite. Les défiances se sont évanouies ; des calomnies et des mensonges rien n'est resté. Née au milieu des épreuves les plus terribles qu'ait jamais traversées un peuple, la République les a supportées vaillamment. Elle nous a aidés à en sortir. Elle n'a désespéré ni de la vitalité de la patrie, ni du courage de la France. Elle a pansé nos blessures, relevé notre crédit, renvoyé l'étranger ; elle a assuré, à l'intérieur, l'ordre, le travail régulier ; à l'extérieur, la paix. Et contre quelles difficultés ne s'est-elle pas heurtée ! Au dedans, les querelles des partis ; au dehors, la jalousie persistante d'un impitoyable ennemi. Est-il nécessaire de rappeler nos alarmes, nos angoisses, nos serrements de cœur ?... Et pourtant, jusqu'à cette heure, la République a triomphé de tout. et il nous semble que plus nous marchons avec elle du côté de l'avenir, plus notre horizon devient large et s'éclaircit.

C'est donc, messieurs, un sentiment de légitime reconnaissance qui nous a inspiré la pensée de placer au milieu de nous l'emblême d'un gouvernement réparateur. A qui, du reste, messieurs, adressons-nous cet hommage ? A la France. Que représente cette image ? La France. La République n'associe-t-elle pas, en effet, le pays tout entier à son gouvernement ? Ce gouvernement n'est-il pas lui-même l'expression du suffrage universel ? Aimer la République, c'est donc aimer le pays.

Aimons-la messieurs, et puisque notre bulletin de vote nous confère ce pouvoir, entourons-la d'hommes à la fois prudents et fermes qui, tout en la défendant, sachent la faire aimer. Nous hâterons ainsi l'heure où n'ayant plus d'adversaires, la République pourra nous donner tous ses fruits : la paix, la justice, la liberté.

Vive la France ! Vive la République !

Un dernier mot, messieurs.

Je viens de parler de ces hommes prudents et fermes qui font aimer et respecter la République.

Notre arrondissement en a trouvé un. Au nom de la commune de Saint-Lyé, permettez-moi d'adresser à notre jeune et brillant député, M. Fréminet, nos souhaits de bienvenue et de le remercier d'avoir bien voulu répondre à mon appel.

Permettez-moi également de remercier notre dévoué conseiller d'arrondissement, M. Emmanuel Buxtorf, ainsi que toutes les personnes qui se sont rendues à notre invitation et qui contribuent, par leur présence, à l'éclat de cette fête patriotique. Nous nous efforcerons, Messieurs, de leur laisser un souvenir cordial de l'hospitalité de Saint-Lyé.

RÉPONSE

DE M. FRÉMINET

Député de l'Aube.

Messieurs,

Le digne chef de votre municipalité vient de définir si heureusement la signification de la cérémonie qui nous rassemble, il a si à propos rappelé par quelles grandes œuvres de salut la République a mérité, depuis six années, l'hommage de gratitude et de confiance que vous lui rendez en ce moment; il a parlé en si bons termes et du passé et de l'avenir, qu'en l'écoutant, je ne songeais qu'à l'applaudir et point à prendre la parole après lui.

Mais, puisqu'il a bien voulu, en terminant, me remercier d'être venu, qu'il me soit permis de lui dire, et de vous dire à tous, qu'en cette circonstance, c'est moi qui vous dois des remerciements.

Une fête comme celle-ci n'a toute sa valeur, n'a sa vraie portée politique, qu'autant qu'elle ne peutêtre attribuée à une impulsion étrangère et artificielle, qu'autant qu'elle procède de l'initiative exclusive, personnelle, spontanée des habitants de la commune, qu'autant qu'elle conserve le caractère d'une fête locale, intime, qu'elle s'accomplit en quelque sorte en famille.

Eh bien, c'est parce que vous l'avez ainsi compris que votre invitation m'a été particulièrement sensible : elle témoigne que vous m'avez considéré comme un des vôtres, comme un membre de la grande famille que vous composez. Vous voyez bien que c'est à moi de vous remercier, et j'ajoute qu'en me traitant à l'égal d'un membre de la famille, vous ne vous êtes point trompés. Votre mandataire à la Chambre des Députés et au Conseil général s'identifie à ceux qu'il a l'honneur de représenter, et sa plus grande joie est de sentir aujourd'hui vos cœurs battre à l'unisson de son cœur.

Pardonnez-moi mon émotion. Quand on a eu foi toute sa vie dans l'idée républicaine, quand on a eu foi en elle dès le temps où le fait triomphant était l'Empire, quand on a attendu son jour avec la certitude qu'il viendrait, parce que le jour de la vérité finit toujours par arriver, — c'est un bonheur ineffable que d'assister à son épanouissement, que de pouvoir, à ceux qui disaient naguères : « C'est un vain rêve, » répondre, en montrant un spectacle comme celui-ci : « Voyez ! voyez ! c'est une grande réalité ! »

Et ce qui donne à l'acte d'aujourd'hui une importance décisive, c'est qu'il ne s'agit pas d'une de ces manifestations éphémères que l'illusion d'un jour apporte, que remporte la déception du lendemain ! Non ! il s'agit d'un acte réfléchi, d'une adhésion définitive, déterminée, comme le disait si bien M. le maire, par une expérience de six années. Il aurait pu dire par une double expérience, car vous avez vu successivement à l'œuvre l'Empire et la République.

Ah ! tenez, il se fait dans ma pensée un rapprochement significatif qui réveille de tristes souvenirs, mais le deuil de la patrie doit être présent dans les fêtes patriotiques. Vous rappelez-vous ce jour de l'année 1870, où d'ici même vous entendiez avec stupeur le bruit des coups de feu qui annonçaient la présence inopinée de l'ennemi jusqu'au cœur de notre pays ? Cela, c'était l'Empire qui s'effondrait. Aujourd'hui, vous êtes en paix et en fête : c'est la République qui grandit !

L'Empire ! Il avait eu dix-huit années pour faire sa preuve ; il avait mis la main sur une France forte, prospère, confiante en elle-même : il la laissa abattue, vaincue, envahie, doutant de son génie, se cherchant et ne se retrouvant plus.

La République ! Elle a recueilli la France, telle que l'Empire l'avait faite, et six années ne s'étaient pas écoulées qu'elle lui avait rendu son honneur, sa fortune, et mieux encore, un avenir plus grand que tout son passé, l'avenir du progrès indéfini, l'avenir de la liberté et du droit.

Voilà ce que vous avez vu, voilà ce que vous savez ! Et c'est pour cela que vous croyez à la République, que vous l'aimez et que vous ne vous détacherez jamais d'elle ! C'est pour cela que vous répéterez avec moi, comme une parole de foi inébranlable et profonde : Salut à la France républicaine ! Vive la République !

DISCOURS

Prononcé au Banquet

PAR M. FRÉMINET

Messieurs,

Puisque nous sommes réunis ici dans la commune pensée d'attester notre attachement à la République et notre croyance à sa perpétuité, je voudrais — simplement, sans phrases, comme il convient quand on cause entre amis, — rechercher avec vous — pas trop longuement, rassurez-vous ! — comment la République que nous fêtons s'est établie, et pourquoi nous devons la considérer comme définitivement fondée.

Les mêmes causes qui ont fait le présent de la République sont aussi celles qui répondent de son avenir, et ces causes sont, d'une part, la force des choses, la puissance inhérente à la vérité ; de l'autre, la transformation qui s'est produite dans la politique républicaine.

La force des choses ! Il est impossible de ne pas être frappé du rôle qu'elle a joué dans la suite des événements qui ont fait la République. L'Empire, ce colosse aux pieds d'argile, venait de s'abîmer dans une effroyable tourmente. La France tourna ses regards vers ceux qui lui avaient dès longtemps prédit que l'Empire la conduirait aux désastres : ceux-ci ne désespérèrent pas d'elle, — ils entreprirent de sauver l'honneur, et ils le sauvèrent. La France alors se mit à délibérer sur elle-même. Les députés qu'elle avait élus s'assemblèrent à Bordeaux.

Chose étrange ! l'Assemblée nationale, qui proclama d'un vote à peu près unanime la déchéance de l'Empire, l'Assemblée nationale se refusa à reconnaître, — ce qui était l'évidence, que la France débarrassée de l'Empire, que cette France qui s'était défendue sans roi ni empereur, c'était la République française elle-même. (Bravos et applaudissements.)

Cependant, cette République qu'on ne voulait point nommer, elle agissait : elle réprimait l'insurrection la plus terrible qu'on eût jamais vue, elle rétablissait le crédit public, elle faisait apparaître des milliards avec lesquels elle allégeait le sol de la patrie du lourd fardeau des armées étrangères.

Enfin, après des tentatives monarchiques dont vous n'avez pas oublié les péripéties, il fallut confesser, à la face de la nation, que la République existait. C'était là la force des choses ! (Assentiment.)

Il fallut plus encore ! Il fallut rédiger à la République son acte de légitimation ; il fallut faire une Constitution républicaine.

Cette Constitution, — c'est celle qui nous régit aujourd'hui, — donnait au gouvernement pour organes un Président et deux Chambres, l'une produit direct du suffrage universel, l'autre élue aussi, par un système compliqué que vous avez vu fonctionner et qui fait d'elle, après tout, une parente éloignée du suffrage universel (Rires et applaudissements).

De cette Constitution, je ne me ferai pas le panégyriste ; mais il suffit qu'elle soit républicaine, et elle l'est, puisque le pouvoir exécutif, aussi bien que le pouvoir législatif, y est électif et délégué pour un temps limité, en sorte que le premier et le dernier mot restent toujours à la nation. (Applaudissements.)

Eh bien ! dans cette force des choses, dans cette puissance intime du vrai qui a déjoué tous les calculs et tous les partis-pris, qui a soumis les hommes les plus disposés à la nier, dans cette puissance qui a amené des hommes qui n'étaient pas républicains à voter la Charte de la République, il y a le signe que les temps sont venus, et que la République est définitivement fondée. (Vive la République!)

J'ai dit qu'une autre raison encore expliquait son succès et assurait sa durée, et que cette raison, c'était la rénovation de la politique du parti républicain. Je vais m'expliquer sur ce point.

Ce fut un moment solennel que celui où la France mit en mouvement le nouveau mécanisme constitutionnel. Les répugnances contre la République n'existaient pas, il faut en convenir, seulement dans la majorité de l'Assemblée nationale; elles étaient répandues dans le pays ; plus d'un de ceux qui m'écoutent les a partagées. (Marques d'approbation.)

Pourquoi ces défiances ont-elles existé?

Pourquoi ont-elles disparu ?

Il faut savoir dire la vérité à ses amis, c'est le seul moyen de leur être utile. Eh bien ! s'il y avait des préventions contre la République, la faute en était aux républicains.

Chaque fois qu'ils avaient mis la main aux affaires, ils avaient agi comme des gens, sans doute profondément convaincus et ardents à bien faire, mais aussi pénétrés de cette idée que pour changer la face du monde il suffit, comme l'a dit spirituellement un illustre orateur, d'une bouteille d'encre et d'une rame de papier. Des faits existants, de l'état de l'opinion des autres, ils semblaient n'en avoir cure : c'était tout un pour eux de formuler l'idéal et de le réaliser.

Et chaque fois ils avaient été incompris de la nation, et chaque fois ils avaient provoqué l'étonnement d'abord, puis la résistance. Et comme ils s'irritaient à leur tour qu'on résistât à des desseins dont l'excellence ne faisait pas doute pour eux, bientôt ils se perdaient dans la violence, et la nation, qui les avait au début accueillis avec enthousiasme, se détachait d'eux ; elle les laissait quelque jour égorger sans les défendre, et c'en était fait de la République ! (Mouvement.)

Mais voici venir des républicains d'une école différente, des républicains qui comprennent qu'il faut avoir raison avec le pays et non contre lui, que l'absolu est du domaine de la philosophie, et que la politique est l'art du relatif; que l'à-peu-près possible vaut toujours mieux que l'idéal inaccessible, et qu'en politique rien n'est possible que ce que le pays comprend et est préparé à accepter.

Eh bien ! c'est cet esprit nouveau qui a fait la République et qui seul la conservera ! (Applaudissements.)

L'ancienne école républicaine a encore aujourd'hui des adhérents ; elle est représentée dans les Chambres par des hommes, sans doute tous sincères et dès lors respectables dans leur conduite, et dont quelques-uns ont droit à une vénération particulière parce qu'ils ont souffert pour leurs convictions : ces hommes professent un suprême dédain pour le jeune parti républicain et pour la politique de l'opportunisme, comme ils se plaisent à l'appeler, la politique des résultats, comme l'a nommée le plus éloquent de ses partisans. Ils aiment à y opposer leur politique sous le nom de politique des principes, ce qui suppose que l'autre polique est sans principes.

Ce serait là une calomnie étrange, si ce n'était tout simplement la preuve que les hommes de l'ancienne école ne comprennent pas ceux de la nouvelle, — et c'est ainsi d'ordinaire en tout ordre de choses.

Qu'est-ce que l'idéal ? un but. Qu'est-ce que les principes ? Une direction. Notre idéal à nous, c'est une République libre, où chaque citoyen serait en possession de toute la somme de droits compatibles avec la vie en société. Nos principes, c'est de nous rapprocher sans cesse du but idéal. Parce que entre le point où nous sommes et celui où il faudra arriver, nous avouons qu'il y a une distance à parcourir, parce que la route est longue et difficile, et que nous y marchons par étapes, est-ce que nous cessons d'être dans la direction, c'est-à-dire dans les principes?

Que diriez-vous d'un homme qui, s'étant proposé d'aller à Paris, prendrait en pitié ceux qui en entreprennent la route à pied, en voiture, en chemin de fer, et attendrait qu'un mot magique l'y transportât instantanément? (Rires.) Que diriez-vous encore d'un autre qui, rêvant de posséder un million ne voudrait pas l'acquérir autrement que d'un seul coup, et repousserait avec dédain l'occasion de gagner cent mille francs? (Nouveaux rires.)

Eh bien! c'est là pourtant l'ancienne politique républicaine, celle qui dit superbement: *Tout de suite ou jamais! Tout ou rien!* Nous croyons, nous, qu'entre tout et rien il y a place pour quelque chose, et quelque chose d'indéfiniment progressif. Nous croyons que pour faire des conquêtes, il faut s'avancer non du pas rapide qui convient à un explorateur, mais du pas sûr dont marchent les foules, et c'est parce que les républicains se sont mis à ce pas qu'ils ne sont plus isolés dans la France; c'est pour cela qu'ils vont bientôt cesser d'être un parti et que la nation elle-même se confondra avec eux! (Bravos et applaudissements.)

Si les anciens républicains ne sont pas tou-

jours justes à l'égard des jeunes, les ennemis
de la République, eux, ne s'y sont pas trompés. Ils sentent bien que c'est fini de leurs es-
pérances, si cette politique nouvelle conserve
la direction de l'opinion, aussi tentent-ils des
efforts désespérés pour en détacher la France
et la ramener aux traditions de l'ancienne
école.

Il y a quelques mois, à la Chambre des députés, un des plus honorables organes de l'ancienne école censurait, en termes assez irri-
tants, cette politique opportuniste dont il ne
pénètre pas le vrai caractère : Qui l'encoura-
geait? c'était la droite ; et c'est un député bo-
napartiste — dont on trouverait le nom à
l'*Officiel* — qui lui criait : « Parlez! Vous
êtes la vraie République ! »

La vraie? Oui, celle qu'il faudrait à ses ennemis ! (Applaudissements.)

Vous saisissez bien ma pensée, n'est-ce
pas ? Vous entendez bien que je n'accuse pas
les républicains qui sont restés attachés aux
procédés du passé. Mais puisqu'ils nous croient
dans l'erreur, j'ai bien le droit de dire que ce
sont eux qui font fausse route. (Approbation.)

Que fait aujourd'hui la réaction ? Après
vous avoir détournés de fonder la République,
en vous disant : « Voyez l'histoire ! La République voudra toucher à tout, ébranler, boule-

verser tout, et elle s'abîmera dans la violence ! »
après vous avoir tenu ce langage, ce sont les
mêmes qui vous disent aujourd'hui : « La République d'aujourd'hui ne fait rien, il faut
l'abandonner ! » (Rires approbatifs.)

Elle ne fait rien, c'est bientôt dit. J'en au-
rais pour longtemps, si j'énumérais tous les
projets qui s'élaborent dans les commissions
de la Chambre, et si je faisais cette énuméra-
tion, vous penseriez peut-être que l'initiative
un peu exubérante de ses membres a plutôt
entrainé la Chambre à entreprendre trop de
travaux à la fois.

La République constitutionnelle n'a rien
fait ? N'a-t-elle pas eu au moins cette grande,
cette féconde pensée de décider l'Exposition
universelle de 1878? Quoi de plus magnifique
que de voir la France, au lendemain d'une
chute si profonde, se relever assez prospère
pour affronter les regards curieux des étrangers, assez grande pour appeler le monde entier à lutter avec elle sur le terrain du travail
et de l'intelligence ? (Applaudissements.)

Mais surtout, quoi de plus politique? Si
quelque voisin méditait, pour nous contrain-
dre à la guerre, de nous accuser du projet de
la lui faire, — comment le pourrait-il à présent que la France a engagé tous ses efforts,
toute son attention, toute sa fortune dans

cette immense entreprise de l'exposition universelle? Est-ce que l'Europe entière, — à une exception près, et vous savez laquelle, — en adhérant à ce grand projet, ne s'est pas solidarisée avec nous dans le besoin, dans la nécessité de la paix? (Applaudissements.)

Faut-il citer autre chose après cela? La Chambre, dans la vérification des pouvoirs de ses membres, n'a-t-elle pas fait, à la satisfaction de la conscience publique, le procès définitif de la candidature officielle, des gouvernements d'ordre moral et des ministères de combat? N'a-t-elle pas scruté avec un soin, un scrupule sans précédents, l'emploi des finances de l'Etat? N'a-t-elle pas préparé à l'agriculture une source indéfinie de progrès, en créant et en dotant l'institut agronomique? N'a-t-elle pas travaillé à compléter la réorganisation de la défense du pays? N'a-t-elle pas témoigné de sa sollicitude pour l'instruction populaire, en élevant son budget à un chiffre jusqu'ici inconnu? Ne se dispose-t-elle pas à consacrer 120 millions à la construction des écoles là où il en manque? N'élabore-t-elle pas, dans une commission dont elle m'a fait l'honneur de me nommer, une loi organique sur l'instruction primaire? N'est-ce pas elle enfin à qui vous devez d'avoir pu élire votre maire, et je vous félicite en passant de l'usage que vous avez fait de cette prérogative. (Applaudissements.)

Faut-il parler enfin de ce que la Chambre
a voulu faire et de ce que d'autres ont défait?

Si l'on ne fait pas davantage, à qui la faute? — Ne dites pas : au Sénat. Soyons sincères,
et disons : au pays. Qui donc, en effet, sinon
des électeurs français, a envoyé dans le Sénat
de la République des hommes hostiles à la
République? Sans doute, cette insuffisance
d'harmonie entre les deux branches du pouvoir législatif est une entrave. Si la Chambre,
jusqu'à un certain point, doit agir sans préoccupation extérieure, est-ce que le ministère
républicain peut, lui, ne pas se préoccuper
des deux Chambres, expressions constitutionnellement égales de la pensée de la France ?
(Assentiment.)

A cette situation, qui remédiera ? Les électeurs qui l'ont créée ! Et quand ? le temps est
déjà venu de commencer l'œuvre.

L'époque n'est pas loin, vous le savez, où
une portion du Sénat viendra se retremper
dans l'élection. Le corps électoral sénatorial
comprend les conseillers généraux, les conseillers d'arrondissement, les délégués des
conseils municipaux. Eh bien ! dans l'année
même où nous sommes, la France va nommer
des conseillers généraux, des conseillers d'ar-

rondissement, des conseillers municipaux. C'est là qu'est le remède !

Sans doute notre département n'a rien à se reprocher, rien à réparer : il nous a donné deux excellents sénateurs auxquels je suis heureux de rendre hommage ; (Applaudissements.) mais les élections de cette année n'en ont pas moins pour nous-mêmes une grande importance.

Il faut que dans chaque canton le drapeau républicain soit tenu par un candidat au conseil général, au conseil d'arrondissement ! Il faut que des élections municipales vous écartiez les hommes qui ne seront pas sincèrement, définitivement ralliés au principe républicain. Mais laissez-moi vous donner un conseil : à ceux dans la conversion de qui vous aurez confiance, ne demandez pas la date de leur conversion, ne repoussez pas les hommes de bonne volonté.

Et lorsque entre des hommes acquis à la République vous aurez à faire le choix définitif, déterminez-vous par les capacités, par les aptitudes à la gestion des intérêts du pays. Quand les républicains étaient l'opposition, ils pouvaient, sans grand inconvénient, négliger ce point de vue ; aujourd'hui que la conduite des affaires leur appartient, ils ne le peuvent plus.

Et quand la France aura employé l'année 1877 à faire ce que je viens de dire, elle pourra se consacrer tout entière à la réception des hôtes étrangers qu'elle a conviés pour l'année 1878, elle pourra attendre avec tranquillité l'heure désormais prochaine où elle fixera pour jamais ses destinées.

C'est ainsi, messieurs, sans coups d'aventures, sans précipitation, sans déclamations creuses, sans manifestations stériles, c'est ainsi que savent procéder les nations vraiment dignes de rester maîtresses d'elles-mêmes. C'est ainsi que, dans une crise récente qui paraissait grosse d'une guerre civile, le grand peuple des Etats-Unis a attendu l'heure et a trouvé le salut ! (Approbation.)

Je m'arrête, messieurs. J'ai bien mal tenu la promesse que je vous avais faite de ne pas être long. Il était bon que le sentiment qui nous anime aujourd'hui fût mis en lumière. Il était bon de s'expliquer pourquoi les populations agricoles si dévouées au travail et à l'ordre, si honnêtes, si paisibles, pourquoi ces populations qui sont le nombre et la force, et qui portent dans leurs veines le plus pur sang de la France, pourquoi, dis-je, elles abjurent leurs préventions et leurs défiances, et célèbrent, à la face du ciel, leur union indissoluble avec la République. (Vifs applaudissements !)

Permettez-moi donc de terminer en associant dans un même toast d'une part la République et son loyal Président, de l'autre la commune de Saint-Lyé, son conseil municipal et son maire.

Je bois à la République et à la commune de Saint-Lyé.

(Applaudissements et acclamations. — Cris de : Vive la République.)

———

Troyes. — Imprimerie F. REYNARD, 21, rue de la Monnaie.